NÉCESSITÉ

DE L'ARBITRAIRE.

Par J. V. DEL........,

«Vox clamantis in deserto.»

Prix : 75 centimes.

PARIS,

Chez Delaunay, Libraire, Palais-Royal, Galerie de bois;
Mongie, Libraire, Boulevard Poissonnière, n° 18;
Foulon, rue des Francs-Bourgeois, n° 3.

Juin 1819.

DE L'IMPRIMERIE DE PLASSAN,
RUE DE VAUGIRARD, N° 15.

NÉCESSITÉ
DE L'ARBITRAIRE.

Sɪ je parais vouloir légitimer l'arbitraire, ce n'est pas que j'en sois plus amateur qu'un autre, car je n'ai aucun intérêt à l'aimer; mais, le croyant indispensable, je pense qu'il est bon de mettre chaque chose à sa place, afin qu'on ne vienne plus souffler l'incendie et la destruction au moyen des mots que chaque parti met en avant; mots qui ne sont compris par personne, parce que chacun y attache un sens différent, et qui n'unissent les individus qu'aussi long-temps qu'ils sont opprimés; si à leur tour ils deviennent oppresseurs, les plus forts les expliquent à leur manière, jusqu'à ce que, renversés, de nouveaux parvenus y donnent un nouveau sens; c'est ce qui est déjà arrivé aux mots *liberté, tolérance, patriote, révolution :* on sait de quelle façon ces mots ont été entendus, et on saurait bientôt ce qu'on entend, si toutefois on laissait faire, par ces mots, *intérêts révolutionnaires, idées libérales, monarchie, fidélité.* Il n'est pas bien difficile de deviner tout ce qu'on peut entendre par le mot *intérêts révolutionnaires,* aussi je n'en veux donner aucune explication; je ne veux pas non plus détailler les différentes acceptions,

(4)

qu'on ne prend pas même grand soin de déguiser, du mot *idées libérales* : lisez les écrits de ceux qui le mettent constamment en avant, qui, paraissant unis entre eux, devraient, il me semble, être convenus de son véritable sens, pour voir quelles espérances ils font naître, quelles folles exagérations ils entretiennent, et quelles fins ils se proposent. Je passe sous silence le mot *monarchie*, parce qu'il serait pénible de voir qu'on peut le comprendre d'une manière qui ne promet pas le bonheur à tous. Mais j'essaierai de donner quelques acceptions du mot *fidélité*, qui, au premier abord, paraît renfermer un sens bien absolu et peu susceptible d'interprétations différentes. Ce mot si beau, qui, bien défini, est le devoir le plus sacré d'un bon citoyen, paraît cependant bien effrayant à beaucoup de monde, parce que ceux pour lesquels la fidélité est un poids trop lourd à supporter en ont voulu faire un épouvantail, et l'entraîner dans une proscription générale, et plus encore, parce que ceux qui en ont fait particulièrement usage l'ont employé de différentes manières. Ainsi, ils ont entendu par *fidélité* un attachement d'esclave, un attachement à des prérogatives et des distinctions qui n'existent plus, ou à des biens qui ne pourraient revenir sans un bouleversement général; d'autres appellent *fidélité* le désir des places et des récompenses. Peut-on appeler fidèles ceux qui adorent de pareils dieux! Non, certes. Mais celui-là est réellement fidèle qui s'attache à la cause dont il

attend le bonheur public, et non celui de quelques individus; et qui ne l'embrasse que parce
que c'est celle qui offre le plus de garanties. Si ce
sont là les seuls motifs qui l'ont fait agir, vous le
verrez au besoin renoncer à son intérêt particulier, pour en faire le sacrifice à l'intérêt général.
Mais que ceux qui connaissent les hommes jugent
combien ce nombre doit être petit; presque tous
ne songent qu'à eux, leurs actions n'ont pour but
que de se procurer la plus grande somme de plai-
sirs possibles; s'ils paraissent quelquefois sacrifier
le plaisir présent, ce n'est que dans l'attente d'un
plus grand. Très-peu aiment la vertu pour elle-
même; ceux-là vivraient ensemble dans la plus
parfaite union, sans lois écrites et sans arbitraire;
leur volonté seule suffirait pour moyen de répres-
sion; la raison serait leur code et leur perpétuel
législateur. Combien, au contraire, n'en voit-on pas
qui ne font aucun usage de cette raison, à qui
on pourrait entièrement la refuser, à n'en juger
que par leurs actions! les passions l'oppriment
avec tant de force qu'elles n'en laissent presque plus
aucune trace. Tout se mesure d'après ces mêmes
passions; ce qui leur plaît sera juste, ce qui les con-
trarie, arbitraire. Ce sont cependant ces hommes,
qui, sous le voile du bien public, élèvent la voix,
crient à l'anarchie, à la féodalité, au despotisme;
qui voient la France partout couverte de deuil et
d'échafauds, si on froisse les intérêts que leurs
passions ont créés, et cela presque toujours au

dépens de la multitude; et cette multitude aveugle suit ces conducteurs comme des moutons destinés à la mort, jusqu'à ce que, penchée ou engloutie dans le précipice, elle abandonne ces idoles d'un jour pour se laisser mener de nouveau par des guides non moins avides et intéressés, ou pour croupir dans la plus stupide indifférence; et cela pour obtenir la liberté et l'aisance, biens qu'elle n'aura jamais, parce qu'ils ne peuvent exister. Tels sont les hommes, quelques-uns à la tête, un grand nombre qui suivent; tous mus par leur intérêt particulier. Entendez cet orateur, ce publiciste: si on n'écoute ses conseils, si on n'emploie ni lui, ni ses amis, la patrie tombera dans l'abîme. Ecoutez cet administrateur, cet employé, ce militaire: si on les laisse dans l'inactivité, ou si leur avancement n'est pas assez rapide, tout alors est brigue, injustice, l'état doit nécessairement périr; car on néglige le mérite, on oublie les services, on n'a aucun égard au dévouement. Voyez ce marchand, ce spéculateur : leur commerce languit, leurs fonds ne sont pas assez productifs; sans examiner la cause de la stagnation des affaires, sans examiner si elles ont un autre débouché, trompés dans leur attente, ils s'écrient: Tout est perdu; parce qu'eux seuls n'ont pas gagné. L'intérêt personnel s'aperçoit partout et sous toutes les formes, malgré tout le soin qu'on prend de le colorer du bien public. Voilà les hommes qui composent la société, et on veut avec de pareils élémens exclure l'arbitraire;

(7)

on veut que le fort ne se serve pas de tous ses
moyens pour opprimer le faible ; on veut que la
protection légale remplace la protection des individus; on veut l'impossible. Examinez tous les gouvernemens qui ont existé jusqu'à présent ; celui
d'un seul, celui de plusieurs, et celui de la multitude : vous verrez partout oppression , par conséquent arbitraire ; personne n'en est exempt, les
gouvernés y sont aussi bien soumis que les gou-
verneurs. Si en voulant être utile à votre patrie,
ou plutôt à vous-même, vous vous mettez au ser-
vice du gouvernement : dans les places inférieures,
votre avancement, vos espérances , dépendent de
vos chefs; ce sont eux qui par le compte qu'ils
rendent de votre conduite, de vos moyens, vous
ouvrent ou vous ferment les portes des places su-
périeures; ces chefs sont des hommes , ils ont leurs
faiblesses, leurs préjugés. Vous faites votre devoir,
souvent cela ne suffit pas ; il faut encore se sou-
mettre de bonne grâce à leurs caprices, trop heu-
reux s'ils ne s'étendent pas jusqu'à vous forcer de
vous traîner dans l'ornière d'une aveugle routine
et d'une vieille ignorance. Si vous avez le malheur
de leur déplaire , tout est fini , et vous restez enfoui
dans les derniers rangs, à moins que vous ne soyez
le protégé de quelque homme en considération près
de ceux qui sont à la source du Pactole, qui vous
fasse franchir les obstacles qu'on a élevés au com-
mencement de votre course ; mais cette protection
qui fait rendre justice est elle-même arbitraire. Si

vous êtes dans les rangs supérieurs, et que vous dépendiez immédiatement du chef du gouvernement et du peuple, l'un et l'autre sont capables d'erreurs et d'injustices ; l'un et l'autre peuvent être influencés par ceux qui les entourent, par ceux qui, dans leur orgueilleuse médiocrité, se sont pour ainsi dire constitués pour les régenter ; ou qui, par d'autres moyens, ont mérité ou obtenu une certaine influence. On ne peut pas ainsi vous juger légalement ; vous êtes donc soumis à l'arbitraire. Parlerai-je du chef du gouvernement qui ne fait pas souvent tout le bien qu'il désire ? On juge de celui qu'il ne fait pas sans examiner celui qu'il opère ; soit parce que nos yeux, obscurcis par nos anciennes affections, sont incapables de l'apprécier ; ou bien par cette habitude assez commune qu'on a de blâmer plutôt que de louer, par la raison que nos désirs ne sont jamais satisfaits. C'est bien là aussi, je crois, être soumis à l'arbitraire.

Vous voulez que les hommes qui gouvernent bannissent l'arbitraire ! eh, donnez-nous donc des ministres, des chefs, qui n'aient d'oreilles et d'yeux que pour juger sans se laisser séduire, qui n'aient aucune affection personnelle, aucune faiblesse, et qui avec cela aient constamment des talens ; on ne peut exiger une pareille chose, car ils sont tous hommes.

Examinons maintenant la classe payante. Les impôts peuvent-ils être si également répartis que chacun paie à proportion de ses revenus ? Un propriétaire qui a cent arpens de terre à défendre paie-t-il à la communauté, en donnant ou en faisant remplacer son fils, autant que celui qui n'en a qu'un, qui donne également un enfant qui lui est souvent nécessaire? Les intérêts du laboureur et ceux du commerçant peuvent-ils toujours être tenus dans une égale balance? le sort de l'un n'est-il pas amélioré aux dépens de l'autre? celui qui met en œuvre les productions de son pays, et celui qui fait venir les produits du dehors ne se nuisent-ils jamais réciproquement? les bras mécaniques ne sont-ils pas funestes aux bras des hommes? celui qui paie moins de 3oo francs d'impôts n'a-t-il pas, proportion gardée, autant d'intérêt dans la chose publique que l'électeur d'aujourd'hui? et l'électeur lui-même ne peut-il pas aspirer aux fonctions de député comme celui qui paie 1ooo fr.? Ce ne sont pas les revenus qui donnent les talens et le mérite, et ce sont cependant le mérite et les talens qui devraient faire nos députés. Toutes ces distinctions, toutes ces démarcations ne sont tracées que par l'arbitraire; et comment peut-on, quand on voit l'arbitraire dans les institutions qu'on a nommées libérales par excellence, douter qu'on puisse jamais s'en affranchir? bien plus, non-seulement il est impossible de s'affranchir de l'arbitraire, mais l'arbitraire est nécessaire pour gouverner des hommes qui ne raisonnent que pour eux, ou plutôt qui ne raisonnent pas. L'impôt doit être payé; il faut des moyens pour le répartir et le percevoir; ces moyens ne peuvent être exempts d'arbitraire. Celui qui, noblement dévoué, ferait le sacrifice volontaire de tout ce qui est à sa disposition en faveur du bien public, ne serait qu'un dupe, dont l'exemple ne deviendrait certainement pas contagieux; il trouverait des admirateurs, mais peu ou point d'imitateurs. Ce n'est cependant que cette seule méthode qui pourrait bannir l'arbitraire, elle est impraticable : donc l'arbitraire est nécessaire. On a établi des démarcations arbitraires entre les non-électeurs, les électeurs et les éligibles; ces démarcations ont été jugées nécessaires : donc l'arbitraire est nécessaire. On met en prison un prévenu, on instruit, on juge; il est innocent : sa détention par conséquent a été arbitraire. Ces précautions préparatoires sont jugées indispensables pour le bien public ; donc l'arbitraire est nécessaire.

Vous voyez qu'il est impossible qu'un gouvernement existe sans arbitraire; c'est cependant lui qui détruit les gouvernemens : tout ce qui est imparfait doit se détruire par ses imperfections; la perfection seule est stable, l'arbitraire est une imperfection; ainsi aucune société humaine ne peut être stable. Pour développer cette proposition, je prendrai pour comparaison l'âne de La Fontaine: chargé de son bât, il chemine et se laisse conduire jusqu'à ce qu'il se sent blessé; ce n'est plus alors qu'à force de coups qu'il marchera : si on s'obstine à le pousser, il tentera tout pour se débarrasser du bât qui l'incommode; et soit qu'il réussisse ou qu'il succombe, ses conducteurs n'en seront pas plus avancés; car ils seront obligés eux-mêmes de s'en charger : il est donc de leur intérêt de changer le bât, de manière qu'il ne porte plus sur l'endroit qu'il blesse. Pour éviter le mal qui peut en résulter, un conducteur habile n'attendra pas même que l'âne en témoigne son impatience; car quand la blessure n'est pas considérable, le moindre changement suffit pour en prévenir les suites : ce n'est donc qu'en changeant, que l'âne peut et veut supporter le bât, parce qu'il ne peut être parfait. On croit quelquefois qu'au lieu de changer il suffit de mettre quelque chose de doux entre le bât et la blessure : cela ne peut être utile que pour un seul moment; bientôt, par la chaleur et le frottement, la plaie s'irrite, s'envenime, et devient insupportable; tout palliatif, continué quelque temps, est extrêmement nuisible, et ne peut être prescrit que dans le cas où il n'y a plus qu'un pas à faire pour arriver au gîte. Là, on doit de suite s'occuper à tout arranger et préparer, afin que, dans la marche du lendemain, on évite de nouvelles souffrances. Ainsi veut être conduit le peuple; il est obligé de porter le bât. Conducteurs, examinez dans quel endroit il blesse. Ne vous imaginez pas qu'en le chargeant trop légèrement il vous rendra de plus longs services; certes, non; il deviendra indocile, et voudra rejeter le peu que vous lui imposez; il en viendra d'autant mieux à bout, que, n'ayant nul

lement été fatigué, il a plus de forces à sa disposition : alors, il errera à l'aventure, sans frein et sans
guide ; n'ayant plus personne qui songe à lui pour
le lendemain, la faim et la misère finiront par l'af-
faiblir et par le rendre docile ; il retournera à son
ancienne demeure, ou se soumettra au premier qui
voudra s'en emparer. Ainsi, pour son bien et pour le
vôtre, ne le chargez ni trop ni trop peu ; en le mé-
nageant. non pas tant sur le poids que sur la manière de lui faire porter sa charge. Comme on doit
imposer à chaque individu sa charge ; que cette
charge imposée ne peut l'être sans arbitraire ; que
c'est l'arbitraire seul qui blesse, il est donc seul cause
du changement des gouvernemens. Les exemples
ne manquent pas : les gouvernemens fondés par la
force. ne se sont établis qu'en accablant les faibles
de leur poids terrible ; ils les tiennent abattus
pendant quelque temps ; mais, soit qu'ils finissent par perdre plusieurs de leurs moyens d'oppression, ou que les faibles, en se réunissant,
acquièrent des forces nouvelles, ces derniers se
rendent, peu à peu, maîtres du terrain de leurs
adversaires ; il ne reste plus à la fin aux premiers,
que le souvenir de ce qu'ils étaient autrefois ; souvenir qui est encore souvent capable d'en imposer, mais que le moindre choc détruit et fait éva-
nouir, comme ces vieilles tours ruinées dans leurs
fondemens, qu'un souffle ébranle et abat, en rem-
plissant d'étonnement les spectateurs ordinaires,
dont une partie est souvent entraînée et anéantie

par cette chute. Si on avait sacrifié une partie de ces masses pour fortifier les bases, ces édifices auraient encore pu durer des siècles entiers.

Dans le gouvernement de la multitude, les intrigans, en la flattant, en donnant le nom de justice et de vertu à ses erreurs et à ses crimes, s'établissent bien vite à la tête des affaires, paient le peuple de paroles, pour en recevoir en échange de l'argent comptant. Si un homme honnête approche, et veut surveiller leur conduite, on le proscrit, on le diffame, en le présentant à ce même peuple, injuste et inepte, comme menaçant le repos public : une faction en remplace une autre, jusqu'à ce que de nouveaux affamés viennent la supplanter à leur tour. Enfin, le peuple, las d'être la proie des sangsues, qui se renouvellent sans cesse, finit par se donner à un seul maître.

Ceux qui ont voulu nous donner Dieu pour souverain, au lieu de le faire agir en Dieu, l'ont fait agir en homme, et leur empire s'est écroulé. Fasse le ciel que ces erreurs n'aient pas été plus funestes aux hommes, en les éloignant de la Divinité, qu'elles ne l'ont été aux intérêts de ceux qui, dans tant de circonstances, ont abusé de ce nom sacré ! Puissent les bouches destinées à nous annoncer ce Dieu qui est la perfection, toujours être dignes de ce saint ministère ! leur empire alors sera utile et durable, parce que ce sera celui de la justice.

On peut voir par ces exemples de tous les temps et de tous les lieux, que c'est toujours l'arbitraire qui détruit. C'est aussi lui qui nous force à construire, et il est nécessaire pour conserver. Otez l'arbitraire, tout sera créé, tout sera stable, car tout sera parfait. Pour nous en affranchir, il ne nous manque qu'une seule chose, ce sont des élémens parfaits ; mais en attendant qu'ils nous arrivent, tâchons de prendre les hommes pour ce qu'ils valent, ne mesurons pas leur importance par le bruit qu'ils font ou qu'ils veulent faire ; car tous leurs efforts ne tendent qu'à acquérir de la fortune et de la considération, et peu importe le bien public s'ils parviennent à leur but. Si tout ce qu'ils font devait rester inconnu et sans récompense, vous les verriez bientôt changer d'objet, et chercher ailleurs à satisfaire à ces besoins factices qui finissent par devenir nécessaires aux idées de bonheur qu'ils se sont formées. Ils ont bien soin de couvrir ce désir de célébrité du manteau du bien public ; à les entendre, c'est pour le seul bien du peuple qu'ils élèvent la voix, c'est pour lui qu'ils écrivent et qu'ils impriment : et quand donc ne sera-t-on plus dupe de toutes ces jongleries ? On aurait cependant tort de leur en vouloir, chacun dans leur position ferait de même ; on ne leur doit non plus aucune obligation, car c'est leur intérêt personnel qui les fait agir. On est seulement tenté de rire de pitié en voyant les hommes suivre avec tant de confiance des individus qui n'agissent que pour eux seuls ; en les voyant s'enthousiasmer pour ces prétendus défenseurs de la chose publique, qui n'ont en vue que leur propre intérêt, qui n'agissent que d'après lui, et dont il est le seul et unique but. On peut très-justement les comparer à ces avocats qui restent à votre solde jusqu'à ce qu'alléchés par un appât plus considérable, ils se joignent à la partie adverse ou deviennent partie adverse eux-mêmes, après avoir culbuté ceux qu'ils combattaient pour s'approprier les dépouilles de leurs victimes. Voulez-vous que les actions des hommes soient constamment dirigées vers le but où vous tendez? voulez-vous des serviteurs zélés, fidèles, infatigables? n'exigez d'eux autre chose que ce qui est conforme à leur intérêt privé. Voulez-vous la conservation du Roi et de sa dynastie? employez des gens qui ne puissent avoir d'autre intérêt que cette conservation. Voulez-vous le maintien de la Charte et le repos public? prenez des mandataires qui n'aient rien à espérer de la violation de la Charte, et à qui le repos public soit profitable. Voulez-vous la franche exécution des lois? obtenez une bonne loi de responsabilité de tous les agens du gouvernement. Car si on emploie des hommes qui peuvent avoir d'autres intérêts que ceux du maintien de la dynastie légitime; si les gardiens de la Charte peuvent attendre des avantages de sa violation; si vous mettez en œuvre, en voulant maintenir le repos public, des gens qui ne prospèrent que dans le trouble et dans le tumulte; si vous prétendez faire exécuter les lois sans agens responsables, vous serez trompé sans cesse de tous les côtés, vous serez obligé à une surveillance continuelle et fatigante, et qui tôt ou tard deviendra insuffisante. Ainsi, si vous voulez marcher, prenez des gens qui fassent la même route : vous arriverez certainement au but, car leur intérêt est d'y arriver; but où on ne parvient pas en flattant ou en faisant du bruit, mais en marchant.

On est malheureusement forcé d'agir ainsi, car les hommes vraiment désintéressés sont en trop petit nombre, et ils ont encore le tort très-grave aux yeux des dépositaires du pouvoir, de ne point se montrer dans les antichambres et les salons. Comment se résoudre à chercher des gens si peu soucieux de bonnes grâces, et qui souvent ne parlent que par leur silence, tandis que tant d'autres savent se rendre agréables et même nécessaires, et sont toujours là pour applaudir et approuver? On conçoit qu'il faudrait infiniment de bon sens et de courage, quand tout ce qui nous entoure nous sourit et nous élève aux nues, pour descendre jusqu'à chercher celui qui peut nous éclairer.

FIN.